Рекомендовано Министерством общего и профессионального образования РФ для дополнительного образования

Книги серии
ИСТОРИЯ РОССИИ
издательства «Белый Город» признаны
ЛУЧШИМИ КНИГАМИ 2000 ГОДА

Н. Ермильченко
ИСТОРИЯ МОСКВЫ

Москва, 2003

ДАВНЫМ-ДАВНО

К. Флеров
Мамонты в Лужниках

Если бы кому-нибудь из москвичей пришлось однажды утром проснуться в XI веке, он бы не увидел из окна знакомого пейзажа: ни соседних многоэтажных домов, ни фонарей и трамвайных путей, а тем более асфальта. Сколько бы он ни высовывался и ни вертел головой, всюду были бы леса и болота. Деревья росли тогда и на месте Политехнического музея, и на месте Красной площади, и на месте Арбата. Вместо Гоголевского бульвара тянулся овраг, по которому бежал к Москве-реке ручей Черторый.

Тут, конечно, путешественник во времени поднялся бы на последний этаж своего двадцатиэтажного дома и стал бы оттуда оглядывать местность в надежде заметить хоть что-нибудь похожее на город. Кинув взгляд в сторону Большой Полянки, он увидел бы, что кое-где, впрочем, леса отступают и тянутся поля.

А вдали от центра сгинул бы сам былинный Соловей-разбойник. По нынешнему Рублевскому шоссе, например, в каменном веке вообще гуляли мамонты, отправляясь на ночлег в «спальный» район Крылатское, где археологи и обнаружили потом их кости.

«Лю-ю-ди! — закричал бы тогда наш путешественник. — Ау-у!» И ему бы, между прочим, откликнулись.

Кто-кто подал бы голос с Яузского бульвара, — до бульвара было еще несколько веков, но в той местности на берегу Яузы уже тогда жили будущие москвичи. Кроме того, послышался бы отклик со стороны Кремлевского Дворца Съездов. Нет, не от правительства: ни правительства, ни Кремля тогда еще не было. Был крутой, поросший еловым бором Боровицкий холм. Он стоял в «углу» между двумя реками: Москвой-рекой и впадавшей в нее Неглинкой. На вершине этого

Жатва. Миниатюра. XVI век

Сруб. XIII век

холма, близ теперешних Боровицких ворот Кремля в XI веке уже существовало укрепленное (окруженное рвом и валом с частоколом) поселение — предок нынешней Москвы. Вглядевшись хорошенько сверху в окрестности ручьев и рек, наш герой мог бы насчитать в общей сложности около семидесяти разных населенных мест.

Люди, которые там жили в то время, принадлежали к древнерусскому племени вятичей, заселившему московские земли к IX—X векам. Но они были, в сущности, новичками. На самом деле, человечество начало осваивать территорию современной столицы задолго до начала нашей эры. Конечно, этот край был несколько глуховат. Однако не стоит думать, что вятичи пребывали совсем уж на задворках мира: по их землям проходил, точнее, протекал торговый путь международного значения. Купцы из Средней Азии и Ближнего Востока, желавшие попасть на Север или Северо-Запад, плыли по Волге, Оке и затем Москве-реке, где и останавливались поторговать. Как показали археологические находки, в XI веке по Москве-реке ходили арабские суда и даже приставали к берегу в районе теперешней гостиницы «Россия». В наше время ничего подобного не наблюдается.

Семь холмов

А заметны ли были тогда те семь холмов, на которых, по преданию, стоит Москва? Боровицкий, точно, был, а как насчет остальных шести?

Холмов на ее территории, на самом деле, намного больше. Они — не что иное как крутые берега многочисленных рек и ручьев, впадавших в Москву-реку, и самой Москвы-реки (противоположные, низкие берега были болотами).

Идею насчет семи холмов выдвинули в XVI веке на государственном уровне. Москва к тому времени стала настолько солидным городом, резиденцией царя, что пора было подыскать ей достойное место в истории. История уже знала два великих города: Константинополь и древний Рим; оба, по преданию, стояли на семи холмах. В Москве решили не отставать; да и что, у нас своих холмов не найдется?

Ученые-москвоведы стали думать, что это за семь холмов, и решили так. Первый, разумеется, Боровицкий, или Кремлевский. Второй — Сретенский, между Яузой и Неглинкой. Третий — Тверской, в районе теперешней Пушкинской площади, между Неглинкой и речкой Пресней. Четвертый — Лефортовский, на берегу Яузы. Пятый — Швивая горка, у подножия которой стоит «высотка» на Котельнической набережной. Шестой — Воробьевы горы, а седьмой — «Три горы» на Пресне.

Возможно, что в XVI веке москвичи назвали бы и другие возвышенности. Скажем, Псковскую гору, по которой проходит улица Варварка, — в конце XV века вдоль склона, идущего от этой улицы к Москве-реке, жили псковские купцы.

А так, вообще-то, Москва расположена на равнине...

А. Саврасов. Вид на Кремль от Крымского моста в ненастную погоду

XII
РУКИ ДЛИНОЙ ОТ МОСКВЫ ДО КИЕВА

Встреча суздальского князя Юрия Владимировича Долгорукого с князем Святославом Ольговичем 4 апреля 1147 года в Москве

Н. Рерих
Утро княжей охоты

В летописи, которую вели монахи Ипатьевского монастыря в Костроме, среди событий 1147 года описана встреча двух князей: Суздальского — Юрия Долгорукого и Новгород-Северского — Святослава Ольговича (это был тот самый Святослав, чей сын Игорь Святославович стал героем «Слова о полку Игореве»). Встреча предварялась приглашением от Долгорукого: «Приди ко мне, брате, в Москов». Так Москва впервые заинтересовала летописцев. С этого момента закончились для нее доисторические времена и начались времена исторические. Поэтому 1147 год считается официальным годом рождения города.

Отцом хозяина Москвы был не последний на Руси человек — великий князь Киевский Владимир Мономах. Только Юрий оказался из младших, почему и достались ему от родителя в удел глухие леса. Долгоруким его, впрочем, прозвали не зря. Он, хоть

и жил в этих самых лесах, надеялся со временем дотянуться и до Киева, до престола великого князя. Пока же он упражнял свои руки в вытягивании на близкие дистанции.

Существует, например, предание о том, что в окрестностях Москвы было несколько сел, принадлежавших некоему Стефану Кучке. Предание одобрительно называет их «красными» — не в смысле цвета изб, а в смысле их приятности. Одно располагалось на теперешней Петровке, другое — в районе Никольской улицы. Третье — на месте Сухаревской площади… Вполне возможно, что Кучка владел также и Москвой. Близ Лубянки лежало Кучково поле, занятое пашнями. Согласно этой истории (хотя историки на ней и не настаивают), князь Юрий легко дотянулся до тех краев и, отправив Кучку в мир иной, прибрал его имущество к своим «долгим» рукам.

Руки его, впрочем, не остались без дела: у него было еще немало родственников-князей, с которыми он воевал за великокняжеский престол и передел

О пользе дремучести

В те давние времена Московский край называли Лесом. До того густо порос он деревьями, и так мало было в нем дорог, что путешествовали в основном по воде, а еще лучше — по льду замерзших рек и ручьев. Этот путь, хоть и петлял, но неизменно приводил, в конце концов, к цели. Поэтому многие войны недружные русские

И. Шишкин. *Лесная глушь*

князья вели зимой. Если враг жил в верховьях реки, то в поход выступали ближе к весне, чтобы потом, в половодье, можно было легко спуститься на лодках вниз по течению к дому.

Конечно, если кому-то не терпелось воевать летом, то леса вырубались, а через болота наводились мосты. Но никто не мог при этом гарантировать встречи с противником. В московских лесах ничего не стоило заблудиться целой княжеской рати. Так и случилось однажды в июне 1176 года во время войны между Москвой и Владимиром. Московский князь Михалко Юрьевич со своим полком прорубал дорогу через бор, думая взреть владимирского князя Ярополка, а тем временем ему навстречу ломился сквозь чащу Ярополк. Увы! Оба войска разминулись в густом лесном массиве, так и не осуществив своих кровожадных намерений.

Понятно теперь, почему не надо вырубать леса?

Памятник Юрию Долгорукому в Москве

земель. Святослав Ольгович вел точно такой же образ жизни, так что им было о чем поговорить при встрече.

Как раз накануне свидания гость Долгорукого жестоко пострадал от собственных родных, которые обобрали его до нитки, разграбив его усадьбу в Путивле и приусадебное село. Увели 4000 лошадей, забрали в плен 700 человек дворни, обчистили церковь. А провианту, вина, медов и всякого товару понабрали столько, что и не знали, как вывезти. И напоследок подожгли княжеский дом, церковь и гумно, на котором оставалось 900 стогов жита, то есть сжатых колосьев.

Надо полагать, у Юрия нашлось бы добра не меньше. Во всяком случае, известно, что он выслал навстречу Святославу подарки для него и дружины — дорогие ткани и меха, а его маленького сына одарил «пардусом» — шкурой барса. Это было 4 апреля 1147 года, а на следующий день хозяин повелел устроить «обед силен», из чего

А. Васнецов
Основание Москвы Юрием Долгоруким

Блуждающая буква «т»

Вот уже и 3-е тысячелетие на дворе, а на законный вопрос: «Почему Москва называется Москвой?» — внятного ответа пока не существует. Есть мнение, что наша столица получила имя в честь Москвы-реки, а та прячет в своем названии слово "мост". От этого слова происходят многие старинные названия речек и болот — Мостище, Мостейка, Мостянка... Возможно, когда-то она была «Мостковой», или «Мостквой», просто буква «т» затерялась в веках.

Птица Феникс

Древние греки рассказывали о дивной красоты птице, несколько напоминавшей орла: она жила 500 лет, а состарившись, сжигала себя в гнезде. Из пепла немедленно возникал новый Феникс, который жил еще 500 лет, и т. д.

В истории Москвы похожий сюжет повторяется многократно в разных вариантах: город то и дело исчезал в пламени очередного пожара, но всякий раз неизменно возрождался из пепла. Только, в отличие от сказочной птицы, прожить 500 лет не сгорая Москве еще не удавалось.

Будущая столица не простояла и ста лет с момента первого упоминания в Ипатьевской летописи, как русские земли были завоеваны татаро-монголами под предводительством хана Батыя. Русь попала в зависимость от Золотой Орды — государства, созданного монгольскими ханами (оно занимало низовья Волги, Крым, Западную Сибирь, Приуралье, Хорезм). В первый же год нашествия по пути от Рязани к Владимиру завоеватели увидели Москву, захватили ее и сожгли. Когда они двинулись дальше, от города осталось одно имя. Однако Москва не только быстро отстроилась, но стала еще многолюднее: туда, подальше от соседства с татарами, переселялись жители южных земель.

Н. Рерих
Гнездо вещей птицы

В. Поленов. *Горелый лес*

Москва оказалась живучей. Как птица Феникс. Этим она, правда, обязана не волшебству, а своему географическому положению. Около нее сходились сухопутные и водные торговые пути: из Новгорода в Рязанские земли, от Смоленска к Ростову, от Черного моря к Белому, и с годами количество этих путей только увеличивалось.

Потом, через 200 лет, Иван III возьмет себе византийский герб с двуглавым орлом, который станет гербом русского государства. Может, тот орел, на самом деле, — птица Феникс?

можно заключить, что жители Боровицкого холма не голодали.

Примерно в это время Долгорукий ходил со своей дружиной воевать против новгородцев, а Святослав — в Смоленские земли. Оба вернулись с добычей: надо было поддерживать руки в хорошей спортивной форме.

К 65 годам руки Юрия Долгорукого стали как раз нужной длины, чтобы добыть ему великокняжеский трон в Киеве. Поскольку они теперь свободно доставали до Боровицкого холма, через год новый Киевский князь разобрался со своими великими делами и, как пишут в летописи, «заложил град Москву». Словом «град», или «город», называли крепость. Так, с его «долгой» руки, Москва получила первый в своей истории — пока что деревянный — Кремль.

Н. Рерих
Город строят

XIV. КОШЕЛЕК ИЛИ ЖИЗНЬ

В первые сто лет своей жизни Москва была провинцией: маленькой сторожевой крепостью на холме на южной границе Суздальской земли, которую надлежало охранять от посягательств рязанцев и черниговцев. Она принадлежала Владимирским князьям. Но со второй половины XIII века Москва стала понемногу превращаться в столичный город.

В это время Владимиром правил Александр Невский, который отдал Москву в собственность своему младшему сыну Даниилу. Город сделался столицей княжества — правда, поначалу совсем небольшого.

Внук Александра Невского Иван Данилыч — Иван I — добился права считаться великим князем — главным среди остальных князей. Так Москва оказалась главным городом русских земель.

Великий князь Иван Данилыч имел прозвище Калита. Калитой назывался кошелек, который привя-

Князья Александр Невский и Иван Калита. Икона

Иван Калита и митрополит Петр

Сколько шуб у великого князя?

Однажды, собираясь к татарскому хану, Иван Калита написал, на всякий случай, завещание. Оно, правда, не понадобилось, зато мы теперь знаем, что носили лучшие люди Москвы в XIV веке.

Старшему сыну Семену Калита отписал темно-красную шубу с жемчугом и золотую шапку. Среднему сыну Ивану — желтую шубу, отделанную жемчугом и овечьим мехом. Младшему сыну Андрею полагалась по завещанию соболья шуба с унизанными жемчугом наплечниками. Еще две шубы с жемчужной отделкой — младшим дочерям. Кроме того, князь упоминал пояса — то серебряный, то жемчужный, то сердоликовый, а еще сообщал, что уже подарил каждому сыну по четыре золотые цепи. Тот, у кого неважно с устным счетом, может не мучиться, подсчитывая шубы и цепи: Калите еще только предстояло стать главным князем на Руси, так что их количество, надо полагать, с годами возросло.

Лес или гора?

Только при Иване Калите крепость на Боровицком холме стала называться Кремлем, а иногда — Кремником (до того она была «город», или «детинец»). Об этом сообщают летописные записи. Например, 3 мая 1331 года «бысть пожар на Москве, погоре город Кремль». А в 1354 году «погоре город Москва, Кремник весь». «Кремник» постепенно уступил дорогу «кремлю», но название не стало от этого понятнее. В местном говоре было слово «кремлевник»; оно обозначало крепкий хвойный лес, растущий посреди моховых болот. На месте кремля когда-то действительно был бор, давший название Боровицкому холму, но Иван Калита его уже не застал – вырубили.

С другой стороны, существует греческое слово «кримнос» — «крутая гора над оврагом или речным берегом». Боровицкий холм и вправду был тогда круче. А в русский язык в XIV веке влилось немало слов греческого происхождения: терем, олифа, известь, фонарь, — их завезли греки, сопровождавшие присланного в Москву из Византии митрополита Феогноста. Что же именно дало Кремлю его запоздалое название — русский лес или греческая гора, — остается неясным.

А башни кремлевские стали зваться башнями (на татарский лад) еще через 200 лет. При Калите они были «вежами», или «кострами».

Мастер Борис Римлянин отлил в Москве колокола в 1346 году Миниатюра. XVI век

А. Васнецов
Московский Кремль при Иване Калите

Закладка Успенского собора Московского Кремля в 1326 году

зывали к поясу. По правде говоря, о толщине кошелька Иван заботился гораздо больше, нежели о чистоте совести. Титул великого князя (которым распоряжались татарские ханы) он получил за то, что помог Золотой Орде усмирить восставших против нее тверичей. Он стал главным сборщиком дани, которую русские выплачивали Орде. Татарам он, правда, отдавал не все, в результате чего кошелек его значительно пополнился. Зато татарское войско перестало появляться в русских землях. Заодно Иван Калита сумел очистить дороги и от местных разбойников.

Улица имени Золотой Орды

И московскому князю, и его гонцам, и митрополиту — главе церкви — приходилось ездить на поклон к татарскому хану в город Сарай. В свою очередь, татары при Калите приезжали в Москву торговать лошадьми: пригоняли в Замоскворечье целые табуны степных коней, которых дожидались покупатели со всей Руси.

Так что между Кремлем и Золотой Ордой в низовьях Волги была наезженная дорога. Она проходила по теперешней Большой Ордынке. Улица получила такое название, потому что на ней жили «ордынцы» — татары. Кроме того, там стояли дома русских дворцовых слуг, ездивших в Орду по приказу великого князя.

Поскольку татары не понимали по-русски, а русские —

Взятие и разорение ордынцами Москвы Миниатюра XVI века

по-татарски, рядом пришлось поселиться переводчикам — толмачам. Так в Большую Ордынку влился Толмачевский переулок.

Ордынка находится на низком берегу Москвы-реки, который затоплялся во время разлива, заболачивался и плохо просыхал. Что и отметили заезжие татары. Грязь и болото они называли словом «бал-чех». Это слово осталось в названии улицы Балчуг, хотя грязь давно уже залили асфальтом, а для лишней воды прорыли вдоль реки Водоотводный канал.

В. Дементьев. *Малая Ордынка*

Митрополит Петр. Икона

В Москве при нем жилось спокойно. Не то чтобы москвичи вовсе лишились поводов для волнений: при Калите они пережили два пожара, наводнение после сильного ливня и голод вследствие засухи. И все же, как пишет летопись, «бысть оттоле тишина велика по всей Русской земле на сорок лет».

Конечно, кое-какие имения он присоединил к своим владениям насильно. Но многие князья добровольно переходили к нему на службу: с сильным дружить было выгодно. Одновременно в столицу перебирались жители южных земель — подальше от татарской границы. Москвичей существенно прибавилось.

Калита сумел подружиться не только с Ордой, но и с главой русской церкви митрополитом Петром. И тот переехал из Владимира в Москву. Так Москва стала еще и церковной столицей.

Именно митрополит настоял на том, что в Москве должен быть каменный храм в честь Успения Пресвятой Богородицы. Легенда рассказывает, что при этом Петр произнес пророчество: «Если послушаешь меня, сын мой, то и сам прославишься с родом твоим больше иных князей, и град твой будет славен пред всеми градами русскими, и святители будут жить в нем, и победит он врагов своих, и прославится Бог в нем». В то время Калита еще не был великим князем, но храм заложил при большом стечении народа. Петр вскоре умер, а предсказание сбылось, отчего москвичи впоследствии чтили память митрополита и считали его святым.

Но и Успенский собор, тогда еще одноглавый, и свой дворец, и дворец митрополита, и еще несколько каменных церквей Калите пришлось строить вне Кремля: в маленькой крепости стало тесно. Пора было заменить старые стены, и, по распоряжению великого князя, возвели новые — меньше чем за полгода: начали в ноябре 1339 года, а закончили к апрелю 1340-го. Их сложили из вековых дубов обхватом до 70 сантиметров. Некоторые из его башен получились высотой с теперешний пятиэтажный дом. Новая крепость была намного просторнее старой, хотя и значительно меньше теперешней.

Кошель-Калита принес Москве удачу. С ним она стала сильна, богата и знаменита. Что же до его носителя, то, наполнив потуже кошелек, он вспомнил и о чистоте совести и под конец жизни постригся в монахи.

Кожаный кошель — «калита»

XIV МОСКВА — ДОН

Неизвестный художник
Портрет князя Дмитрия Донского

же получил имя: великий пожар Всесвятский. Он начался с того, что загорелась деревянная церковь Всех Святых. На беду, поднялся сильный ветер и так раздул огонь, что через два часа города не стало.

Видя ненадежность деревянных укреплений, великий князь (ему было тогда 17 лет) посовещался с боярами и с митрополитом и решил отстроить новый Кремль из белого камня — известняка. Крепостные стены толщиной в 2—3 метра с тремя угловыми башнями и шестью проездными (с воротами) возвели в рекордно короткий срок, меньше чем за два года. Новая крепость выросла по сравнению с той,

А. Васнецов
Московский Кремль при Дмитрии Донском

К тому времени, как бразды правления перешли к внуку Ивана Калиты Дмитрию, спокойные времена для Москвы закончились. Город донимали попеременно то пожары, то засухи, то чума, то войны. Как-то месяца два продержался туман, такой густой, что видимость была не больше пяти метров, а птицы, не решаясь летать, стаями ходили по земле. Из космоса москвичей пугали разные небесные явления: то приходилось им наблюдать комету, то виделись пятна на Солнце — черные, точно шляпки от вбитых гвоздей.

В самом начале Дмитриева княжения дедово наследство, дубовый Кремль, спалил пожар — один из самых разрушительных в истории московских пожаров. В летописях он дачто строил Калита, но все еще уступала в размере теперешней.

Князья тогда еще ездили в Орду, но времена успели измениться: на Руси почувствовали, что в силах отстаивать свою независимость, а татары поняли, что русские земли вот-вот перестанут платить им дань. И обеим сторонам стало ясно, что дело придется решать мечом. Московский князь Дмитрий разослал гонцов во все княжества — собирать войска для битвы с Ордой и вести их в Москву.

Целые города вооружились в несколько дней; многочисленные полки один за другим вступали в ворота Кремля, а большая часть ратников ждала Дмитрия в Коломне. Летописи рассказывают, что в столице не умолкал звон оружия; невооруженные москвичи дружно молились в храмах, а люди богатые

Везут камень на постройку Московского Кремля. 1366 год

раздавали милостыню, особенно княгиня. Сам же великий князь пожелал посетить уединенную Троицкую обитель (будущую Троице-Сергиеву лавру), чтобы получить благословение игумена Сергия Радонежского. Тот еще при жизни пользовался на Руси славой чудотворца. Сергий предсказал князю страшное кровопролитие, но и победу, смерть многих героев, но спасение самого Дмитрия.

Стало известно, что войско Орды во главе с ее правителем Мамаем стоит за Доном. Помолившись в Архангельском соборе, выстроенном его дедом Иваном Калитой, князь Дмитрий выехал из Кремля через Фроловские ворота (их впоследствии сменили Спасские) и проехал по теперешней Варварке, которая тогда называлась улицей Всехсвятской по имени стоявшей на ней церкви. В то вре-

М. Нестеров
Левая часть триптиха «Труды Преподобного Сергия»

Н. Присекин
Куликовская битва

мя еще было заметно, что улица идет по гребню холма, круто обрывавшегося к Москве-реке. Со Всехсвятской великий князь свернул на нынешнюю Солянку; одна ее сторона еще представляла собой луг, по которому протекал ручей Рачка, впадавший в реку Москву. Путь его лежал в сторону несуществовавшей Таганки...

М. Самсонов
На поле Куликовом. Благословение

Той же дорогой Дмитрий вернулся с победой. 8 сентября 1380 года он выиграл битву с мамаевым войском на Куликовом поле — в долине Дона, при впадении в него реки Непрядвы. Предсказание Сергия сбылось. Бой длился всего один день, но хоронить убитых пришлось целую неделю. Сам князь, как пишут летописи, сражался наравне со всеми и чудом уцелел.

Дмитрий после Куликовской битвы был прозван Донским. Сергия Радонежского причислили к лику святых, и теперь в каждом храме есть его икона. Что до Москвы, то, если прежде она была столицей самого крупного и сильного княжества, после битвы на Куликовом поле она стала национальной столицей. Все увидели, что победа над Ордой — цель вполне достижимая, если только объединить силы под общим руководством, а сделать это может одна Москва.

Но совсем отделаться от Орды смог лишь правнук Дмитрия Василий III.

Капризный шедевр

12 августа 1479 года был торжественно освящен главный Московский собор — Успенский. Летописец записал, что была та церковь «чудна вельми величеством, и высотою, и светлостию, и звоностию, и пространством». Но мало какой шедевр так сопротивлялся собственному рождению.

При Иване III своды старенького Успенского собора были уже подперты толстыми бревнами, и обеспокоенный митрополит Филипп понял, что пора торопиться с возведением нового: ему представлялась копия Успенского собора во Владимире — это было лучшее, что доводилось видеть главе русской церкви.

Призвали мастеров, Кривцова с Мышкиным, отправили во Владимир изучать образец, а Филипп тем временем велел возить в Москву камень. Тут-то и начались знамения. На Рождество «явися на небеси звезда велика», от которой тянулся луч «толст и светел», похожий на хвост огромной птицы, — комета. На Крещение прилетела вторая — хвост у нее был потоньше, зато длиннее. Они красовались попеременно на одном и том же месте, пугая суеверных москвичей.

Новый храм начали возводить вокруг старого с тем расчетом, чтобы он получился просторнее и выше владимирского. Прежний разобрали уже после того, как новые стены возвели высотой в человеческий рост. А на месте будущего алтаря поставили временный деревянный храм, в котором Василий III и обвенчался с византийской царевной. Такого солидного здания в Москве еще не было, и горожане, затаив дыхание, следили за тем, как оно растет. За два года храм успели достроить до самых сводов. И вдруг майским вечером на закате стены его

П. Корин. Интерьер Успенского собора Московского Кремля

с грохотом обрушились. К счастью, никто из людей не пострадал. Один из летописцев утверждает, что как раз тогда в столице произошло землетрясение. Так это, или «трус во граде Москве» был вызван падением нескольких тонн белого камня, только причиной катастрофы москвичи дружно объявили просчеты Кривцова с Мышкиным.

Как бы то ни было, столица третий год жила без главного собора, требовалось спасать положение. Иван III позвал тогда псковских мастеров, но те не взялись за работу, а построили вместо того Благовещенский собор — личную церковь великого князя. Наконец Иван решился отправить посла в Венецию. Архитекторов посол нашел множество, но никто не согласился ехать в Москву, кроме Аристотеля Фиораванти. На родине Фиораванти так ценили, что дож венецианский отпускал его скрепя сердце.

Мастер осмотрел руины, похвалил качество кладки, сказал, что известь плохая и камень не тверд, после чего принялся за дело. Съездил сначала во Владимир — ознакомиться с русской архитектурой. Потом в Калитникове построили под его руководством кирпичный завод, где изготавливали кирпич тверже и уже, чем делали до того на Руси. Он научил строителей замешивать известь особой прочности. А свой вариант собора стал возводить на очень глубоком фундаменте.

И к августу 1479 года столица получила свой главный храм. С тех пор он стоит уже более 400 лет, и никакой «трус» ему не страшен.

Строительная деятельность Аристотеля Фиораванти в Московском Кремле

Башни Кремля

Только что отстроенный Успенский собор был до того нов и прекрасен, что, как нарочно, подчеркивал ветхость остальных кремлевских построек. Ему требовалось достойное окружение. Снова послали за итальянцами, и тогда приехали Антон Фрязин и Марко Руффо (Фрязиным, то есть итальянцем, мастера прозвали в Москве, а настоящее его имя осталось неизвестным). Им поручили сооружение новых кремлевских стен, и архитекторы начали с той стороны, что тянется вдоль Москвы-реки. К тому времени, как работы подошли к концу, в Москве появился Пьетро Антонио Солари из Милана. Он строил стены и башни вдоль Красной площади (которой тогда еще не было). Без высоких шатровых надстроек (которые появились в XVII веке) и тем более рубиновых звезд (установленных в 30-х годах XX века) Кремль Фрязина и Солари походил на средневековый замок.

До наших дней сохранилось 20 больших и маленьких башен. Хотя все они башни одного Кремля, у каждой не только неповторимая внешность, но и своя история, а также собственное имя. (Только двум из них, у Москвы-реки, так и не нашлось никакого названия, и они известны как 1-я Безымянная и 2-я Безымянная).

М. Бочаров
Вид на Московский Кремль ночью

А. Васнецов
Семиверхая угловая башня Белого города в XVII веке

Строительство Кремля началось, между прочим, с тайны. Первой построили башню с воротами и подъемным мостом у Москвы-реки. В ней были устроены колодец и потайной ход к реке, чтобы можно было носить воду во время осады. Оттого башню прозвали Тайницкой.

Тайники-колодцы сделали и в двух угловых башнях, также обращенных к реке: Свибловой (она защищала брод в устье реки Неглинки) и Беклемишевской. Первую назвали по фамилии боярина Свибло, отвечавшего за ее строительство, а вторую — в честь боярина Беклемишева, чей двор находился рядом. Несмотря на эти сходные обстоятельства, судьбы двух башен сложились по-разному. При сыне Ивана III Василии беклемишевский двор вместе с башней превратился в тюрьму для опальных бояр. А в Свибловой башне инженер Христофор Галовей установил в XVII веке водопровод — подъемную машину, которая по свинцовым трубам подавала воду для нужд царского хозяйства. Оттого эту башню называют еще Водовзводной.

Спасская башня, самая знаменитая из двадцати, заменила старую белокаменную, времен Дмитрия Донского. Прежде она называлась Фроловской по кремлевской церкви Фрола и Лавра, до наших дней не дожившей. В XVII веке над воротами поместили икону Спаса Нерукотворного, и москвичи дали башне новое имя. То ли благодаря этой иконе, то ли оттого, что Кремль с его многочисленными церквями напоминал один большой монастырь, только в народе как-то сам собой установился обычай снимать шапки перед Спасской башней, проходить в ворота с непокрытой головой — так, как входят в храм. Нарушителей москвичи заставляли класть перед образом Спасителя 50 поклонов.

Башни Московского Кремля

1. Константино-Еленинская (Тимофеевская)
2. Набатная
3. Царская
4. Спасская (Фроловская)
5. Сенатская
6. Никольская
7. Угловая Арсенальная (Собакина)
8. Средняя Арсенальная
9. Троицкая (Ризположенская)
10. Кутафья
11. Комендантская (Колымажная, Конюшенная)
12. Оружейная (Конюшенная)
13. Боровицкая (Предтеченская)
14. Водовзводная (Свиблова)
15. Благовещенская
16. Тайницкая (Чешкова)
17. 1-ая Безымянная
18. 2-ая Безымянная
19. Петровская
20. Москворецкая (Беклемишевская)

Ф. Алексеев
Соборная площадь в Московском Кремле

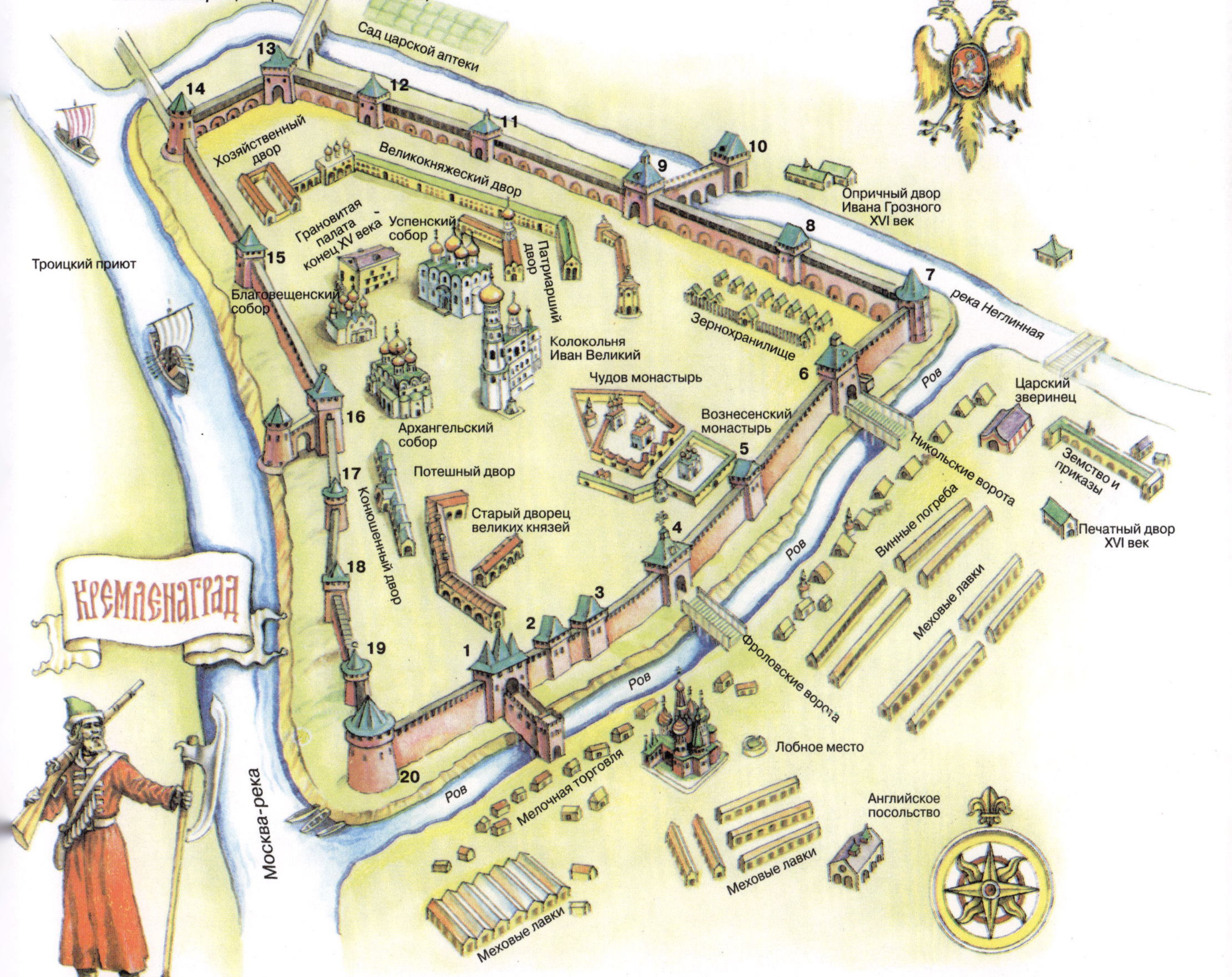

XVI. ВО ВСЮ ИВАНОВСКУЮ

Неизвестный художник
Портрет Ивана Грозного

В 1530 году родился внук Ивана III, тот вспыльчивый государь, о котором триста лет спустя поэт Алексей Константинович Толстой написал:

*Иван Васильич Грозный
Ему был имярек
За то, что был серьезный,
Солидный человек.
Приемами не сладок,
Но разумом не хром;
Такой навел порядок,
Хоть покати шаром.*

Иван IV известен как один из самых образованных русских монархов. Но, хоть он и родился царем, судьба его милостями не баловала.

В семь лет он остался круглым сиротой. Бояре, которые за него правили государством, относились к нему в ту пору весьма непочтительно: вовремя не кормили, плохо одевали и устраивали драки в его покоях. Наконец, став совершеннолетним, он заявил о своих правах, женился и венчался на царство. И тут через год, в 1547 году, в Кремле вспыхнул такой пожар, что сгорели все деревянные постройки и пострадали каменные. Как утверждал впоследствии сам Грозный в письме к боярину Андрею Курбскому, Господь за грехи человеческие «пламени огненному царствующий град Москву попаливше». Государю всея Руси пришлось переехать в село Воробьево на

М. Авилов
Царевич Иван на прогулке

Кто «кричал во всю ивановскую»?

Неизвестный художник
Царь Борис Годунов

Дело вовсе не в Иване IV, хотя грозному царю и случалось, возможно, повышать голос. Это выражение появилось после того, как Борис Годунов повелел надстроить храм Иоанна Лествичника в Кремле. В результате получилось высоченное по тем временам здание, которое москвичи прозвали Иваном Великим. «Рост» этого Ивана — 81 м. С него было далеко видно, и сторожа обозревали оттуда окрестности. При виде пожара или вражеского войска они и должны были «кричать во всю ивановскую».

Э. Гертнер
Ивановская площадь в Московском Кремле

История Красной площади

Главной площадью столицы Красная площадь стала не сразу. Было время, когда она не отличалась особой торжественностью, да и называлась совсем по-другому. А было и такое время, когда никакой площади не было.

В те годы москвичи селились поближе к кремлевской стене. Так оно было надежнее на случай войны. У самого Кремля голосили петухи, в избах топились печи, в лавках шла торговля. Там, где нынче собор Василия Блаженного, стояла церковь Троицы, а при ней имелось и небольшое кладбище.

Поскольку Москва выросла на месте леса, строили в основном из дерева. Поэтому те дома и не дожили до наших дней: в 1493 году огонь уничтожил все постройки вдоль кремлевской стены, так что образовался длинный и широкий пустырь.

Тогдашний государь Иван III больше всего испугался за Кремль, который как раз только что отстроил заново: с одной

А. Васнецов
Красная площадь

стороны крепость защищала от пожара вода Москвы-реки, с другой речка Неглинка, зато с востока была суша, а на ней горючий и каждую минуту готовый вспыхнуть материал. И царь запретил застраивать выгоревшее пространство. Он решил не подпускать к новеньким стенам жилые дома ближе чем на 109 сажен, а сажень по нашим меркам — это 2,13 м.

Так образовалась площадь, намного шире теперешней (и немощеная). Ее стали называть Троицкой — по церкви Троицы (та была каменной и потому уцелела). Жить у Кремля царь не велел, но торговать разрешил. Только не в лавках, а с рук. По этой причине площадь получила еще одно название — Торг. Но ничего красивого («красного») народ в ней не находил до тех пор, покуда на месте Троицкой церкви не встал собор Василия Блаженного. Когда же в XVII веке надстроили верх Спасской башни с курантами, москвичи окончательно уверовали в красоту площади и начали называть ее Красной, что и было узаконено царским указом.

В. Владимиров
Казнь боярина

Воробьевых горах, где стоял дворец его отца, и дожидаться, покуда в Кремле выстроят новые палаты. «Сколько ведь ценных вещей из родительского благословения у нас сго-

Строительные работы в Москве под руководством А. Фрязина
Миниатюра. XVI век

рело, каких во всей вселенной не сыщешь», — с печалью вспоминал самодержец.

Не успели потушить пожар, как разгорелся скандал. Те бояре, которым не хотелось, чтобы Иван Грозный царствовал, стали распространять слухи, будто его бабка вместе со своими сыновьями и слугами занималась колдовством, и оттого загорелась Москва. Кое-кто из возмущенных москвичей вознамерился идти на государя походом, полагая, что тот прячет колдунью у себя в селе Воробьеве.

Видимо, этот случай лишил впечатлительного царя охоты впредь заниматься Кремлем, так что все городские преобразования происходили при Иване Грозном по другую сторону кремлевских стен.

К тому времени эти стены давно уже перестали вмещать всех городских жителей. Ремесленники и торговцы селились вдоль берега Москвы-реки между Кремлем и устьем Яузы. Этот жилой район назывался посадом. После того, как при Иване III в Кремле стало тесновато от новых построек, люди знатные и влиятельные тоже начали строить дома на посаде. Желая защитить свою собственность, они до-

Город — крепость

Москва родилась для того, чтобы служить людям защитой: своих жителей надо было оберегать от заезжих грабителей, а границы княжества — от чужого войска. К XVI веку Москва выросла, стала столицей, но ей все еще приходилось охранять москвичей от разных напастей. Только при Иване Грозном она была уже не просто крепостью, а дважды крепостью, а к концу века стала и четырежды крепостью.

Крепость №1, самая древняя — Кремль. Вторая по счету — стена Китай-города. Ее снесли не так уж давно — в 1934 году. Но не всю: остатки сохранились между улицей Варваркой и Москворецкой набережной, а также недалеко от выхода из метро «Площадь революции» (к Большому театру). Однако и китайгородской стены не хватило, чтобы защитить всех: к тому времени москвичи расселились вокруг Кремля до линии теперешнего Бульварного

А. Васнецов
Гонцы. Утро в Кремле

кольца. По этой линии еще в XIV веке насыпали высокий земляной вал, а перед ним прорыли ров.

Но ни вал, ни ров не помешали крымскому хану Девлет-Гирею сжечь эту часть города, так что пришлось вместо них в 1586—1593 годах построить еще одну кирпичную крепостную стену с башнями — «глухими», то есть без ворот, и «воротными». Проход сквозь ворота был не прямым, а извилистым и запирался четырьмя дверями и железной решеткой, которую опускали сверху. Стену покрасили в белый цвет, после чего территория между стеной и Кремлем стала называться Белым городом. От этой крепости и вовсе ничего не осталось, кроме названий: Покровские ворота, Яузские ворота.

А четвертая линия укреплений проходила там, где нынче Садовое кольцо. В самом конце XVI века, при Борисе Годунове, Москву окружили земляным валом с деревянной стеной на нем и рвом перед ним. На стене и башнях стояли пушки. Поначалу крепость назвали Скородомом. С ней поделились названием дома, стоявшие вне стен Белого города. Когда к Москве подходил враг, их сжигали первыми, так что потом на их месте приходилось наскоро отстраивать новые. Скородом довольно скоро сгорел, после чего вал сделали выше. И, хотя на нем опять поставили деревянную стену, москвичи предпочли ориентироваться на него. Укрепление стало называться Земляным валом, а местность между ним и стеной Белого города (между теперешними Бульварным и Садовым кольцом) — Земляным городом. Земляной вал служил таможенной границей города. Как и стена Белого города, он исчез с плана Москвы в XIX веке, оставив на память москвичам названия улиц: Земляной вал, Крымский вал, Зацепский вал, Валовая.

Неизвестный художник
Вид на Москву от Серпуховской заставы

Собор Покрова, что на рву

Н. Рерих. *Покорение Казани*

Собор Василия Блаженного — самый многоглавый из русских храмов: глав у него восемь, а в середине — шатёр. Это изобилие не просто так, для красоты. На самом деле, собор составлен из девяти церквей. Восьми церквям по главке, а девятой — шатёр, всё по-честному. Его появление — результат исторического события, описанного в учебниках.

В 1552 году Иван Грозный возглавил военный поход против Казанского царства — остатков Золотой Орды. Крещёное войско отправилось воевать с мусульманами — татарами. Церковный же календарь, по которому жил грозный царь, устроен таким образом, что почти на каждое число приходится в нём какой-нибудь православный праздник или день памяти святых.

Как только у стен Казани происходило что-нибудь значительное, в Москве у церкви Троицы, на месте теперешнего собора, ставили деревянную церквушку, посвящённую соответствующему святому.

Возвратившись с победой, царь узрел восемь таких церковок и повелел заменить их каменными, для чего были приглашены мастера Барма и Постник. Те же симметрии ради спроектировали девять: одну посередине, а восемь вокруг; и все на одном основании. Те, что вокруг, ориентированы по сторонам света, так что получился собор-компас. Если кому-нибудь вдруг понадобится прямо на Красной площади выяснить, в какой стороне Северный полюс, он может развернуться в том направлении, куда смотрит церковь с бело-голубой главкой.

Центральную церковь посвятили празднику Покрова Богородицы, отчего собор получил название Покровского: собор Покрова, что на рву (ров имелся рядом, у кремлёвской стены; он соединял реку Неглинку с Москвой-рекой).

Прошло несколько лет, и у стены собора похоронили известного в Москве юродивого Василия Блаженного. В том месте к храму пристроили десятую церковь, благодаря которой он и получил своё второе название.

Сейчас, возможно, царь Иван Васильевич и удивился бы при виде основанного им собора: и главы, сказал бы, по-другому покрашены, и перестроено кое-что... Но царь давно живёт в учебниках, а собор — в настоящем. И даже имеет почтовый адрес: Красная площадь, дом 2.

Постройка Покровского собора. Миниатюра XVI в.

Покровский собор (Храм Василия Блаженного)

М. Антокольский
Иван Грозный

бились того, что посад обнесли кирпичной крепостной стеной с башнями и воротами. Это ответственное дело поручили заботам обрусевшего итальянца, архитектора по имени Петрок Фрязин Малый. Стену возвели в 1535—1538 годах по последнему слову тогдашней фортификации. Она получилась не слишком высокой, но широкой, с тем, чтобы наверху можно было в случае чего разместить пушки. Стена полукольцом примыкала к Кремлю.

Так при Иване Грозном образовался Китай-город — это название получил посад в своем укрепленном и защищенном варианте. О том, что оно означает, искусствоведы спорят до сих пор. Одни ведут его происхождение от древнерусского слова «кита» — связка жердей, другие — от монгольского слова «китай», то есть «средний». Ясно только, что к настоящему Китаю оно отношения не имеет.

Страх, которого натерпелся четвертый по счету на московском троне Иван в начале своего царствования, не прошел для него бесследно. Монарху всюду мерещился пожар. Необязательно в прямом смысле, а чаще как пламя государственной измены. Тогда-то Иван становился Грозным и стремился показать боярам, кто в доме хозяин. Например, в один прекрасный день он поделил страну на две части: «опричнину» и «земщину». Опричные земли он взял себе, окружил себя людьми незнатными и стал с их помощью расправляться с боярами.

Москву тоже поделили на земскую и опричную территории. Граница между ними проходила по Никитской улице. Опричникам достался район Арбата. Их поселения положили начало улицам Остоженке и Пречистенке. А в начале Никитской решительный царь повелел выстроить новый дворец — Опричный двор. Короче, при Иване Грозном всем жилось как на пожаре. И тот не заставил себя ждать.

В 1571 году к Москве подобралось с юга войско крымских татар под предводительством хана Девлет-Гирея и подожгло город. Столица полыхала так, что нынешнюю Красную площадь прозвали Пожаром. Огонь оказался грознее Ивана Грозного и уничтожил его Опричный двор. А монарх опять остался в числе погорельцев.

Но не стоит думать, что царь был вовсе чужд прекрасному. Именно при нем в Москве построили одно из самых красивых ее зданий — собор Василия Блаженного.

А. Васнецов
«Татары идут!». Конец XVI века

XVIII   МОСКВА + ЕВРОПА =...ПЕТЕРБУРГ

В. Худояров
Пётр I за работой

В сентябре 1689 года в Успенском соборе Московского Кремля венчали на царство Петра I. Незадолго до того, 9 июня, ему исполнилось 17 лет.

Пётр I оказался самым непоседливым монархом в русской истории. То он воевал в Азове, то строил в Воронеже флот, то изучал корабельное дело на верфях Амстердама, то ехал в Дельфт познакомиться с Левенгуком, который как раз изобрёл микроскоп. Он побывал и в Англии, и в Австрии и невольно сравнивал собственную столицу с заграничными.

В Москве, как назло, не было ничего европейского. Вид она имела в то время вполне деревенский. В иностранных городах по обеим сторонам чистеньких мощёных улиц стояли аккуратными рядами каменные доми-

Под впечатлением

Москва была для Европы местом не менее экзотическим, чем нынче остров Пасхи. Поэтому иностранцы, которым доводилось увидеть русскую столицу, спешили поделиться впечатлениями с соотечественниками. Вот что писал путешественник Рейтенфельс: «Улицы мощены не камнем, а деревянными брёвнами, которые постоянно плавают в грязи, либо покрыты слоем пыли; гладкая дорога бывает только зимою, когда всё покрывается снегом и льдом. Дома горожан по большей части деревянные, с редкими окнами; впрочем, меж ними виднеются кое-где и каменные — бояр и иноземцев».

Место московских «тусовок»

В XVII веке самым людным в Москве местом была Красная площадь. Она служила москвичам и рынком, где продавалось все на свете от перин до барабанов, и клубом, куда приходили узнать новости или выпить вина в кабаке. На двух помостах — «раскатах» — стояли тогда пушки для защиты Кремля. Раскаты были так велики, что под ними помещались торговые лавки и кабак. Но главные торговые ряды находились на месте нынешнего ГУМа. На Красную площадь являлись недовольные — бунтовать. У собора Казанской Богоматери помещалась «яма» — тюрьма, где держали должников, пока они не выплатят долги.

В. Суриков
Утро стрелецкой казни

Случалось, что на площади устраивали публичные казни. В 1698 году, например, там рубили головы стрельцам, поднявшим мятеж против Петра I. С Лобного места — каменного помоста напротив Спасских ворот читали царские указы. А в 1702 году у Никольских ворот выстроили по приказу Петра деревянную «комедийную хоромину» — первый московский театр «для всех».

ки и смотрели фасадами друг на друга. На московские же улицы выходили деревянные заборы с воротами, конюшни, амбары, огороды и пустыри. А уж за заборами посередь дворов стояли деревянные дома. Каменные попадались редко. В архитектуре это называется усадебной застройкой.

Петр такую застройку не одобрял. Вернувшись из-за границы, он распорядился, чтобы московские улицы замостили булыжником, а вместо деревянных зданий строили каменные. При этом он настаивал, чтобы дома непременно стояли вдоль улиц и примыкали один к другому, образуя прямые линии. Теперешний облик Москвы начал складываться именно в петровские времена.

Неуемный царь позаботился и о внешнем виде москвичей. Он ввел на-

А. Рябушкин
Московская улица XVII века в праздничный день

А. Васнецов
Мясницкие ворота. Уличное движение в XVII веке

лог на бороды и усы: не хочешь платить налог — брейся; желаешь оставаться при бороде — оставайся, но плати деньги. Так наиболее экономные горожане стали невольно чуть больше походить на европейцев.

Сам Пётр всю жизнь чему-нибудь учился. Даже на одной из его печатей значилось: «Аз бо есмь в чину учимых, и учащих мя требую». Стремясь окружить себя образованными людьми, он постарался наполнить свою столицу высшими учебными заведениями.

Легенды о Брюсе

В Москве поговаривали, что Брюс для работы в подземной мастерской сделал себе служанку из живых цветов, и она всё умела, не могла только говорить. Но жена его обиделась: она думала, что Брюс влюбился в эту служанку, и не хотела верить, что та ненастоящая. Тогда чародей при царе Петре и жене своей вынул булавку из головы служанки, и та рассыпалась цветами.

А ещё рассказывали, будто какой-то генерал захотел разгромить Брюса в Сухаревой башне и велел прикатить пушки, и тогда колдун превратил пушечный порох в песок.

Самая суровая легенда — о живой и мёртвой воде. Брюс якобы приготовил такую воду, что мог мёртвого старика сделать живым и молодым. У него был ученик, старый человек, и над ним Брюс произвёл первый опыт: разрубил его на части, полил мёртвой водой — части тела срослись, потом полил живой водой, и тот встал юношей. Тогда Брюс решил омолодиться сам. Велел ученику разрубить себя на части и через девять месяцев полить сперва мёртвой водой, потом живой. Ученик поклялся это сделать. Но в него влюбилась Брюсова жена, выведала тайну, и ей не захотелось, чтобы Брюс оживал. Девять месяцев прошли, ученик полил тело Брюса мёртвой водой, и разрубленные части срослись. Когда же пришла пора полить их живой водой, жена Брюса выбила склянку из рук ученика. Волшебная вода разлилась, новую ученик составить не смог, а Брюс так и не воскрес. Пётр I узнал об этом и приказал отрубить головы ученику и коварной Брюсовой жене.

Неизвестный художник
Яков Брюс

И. Тенирс. *Алхимик*

В. Поленов
Московский дворик

В Москве открылись: Школа математических и навигацких наук, готовившая штурманов, геодезистов, судостроителей; Пушкарская школа, выпускавшая артиллеристов, а также Инженерная. Из наук при Петре особым почетом пользовались арифметика и геометри. Неудивительно, что первых студентов в эти школы набирали силой (хотя были и добровольцы). В то же время учредили Госпитальную школу — медицинский вуз и Славяно-греко-латинскую академию (вместо

А. Васнецов
Вьюжит. Метель. Старая Москва

Сухарева башня

Одним из первых каменных зданий, построенных в Москве по приказу Петра, была Сухарева башня. Она стояла на месте теперешней Сухаревской площади у станции метро «Сухаревская» и хорошо просматривалась с каждого холма, так как уступала по высоте только колокольне Ивана Великого в Кремле.

Вообще-то башня служила целям вполне прозаическим — сначала сторожевым, а потом учебным (ее отдали под Навигационную школу). Но в народе она прославилась как жилище колдуна, возможно, из-за массивных стен и сумрачного вида. Хозяином ее считался Яков Брюс. Друг и помощник царя, один из образованнейших людей своего времени, Брюс более всего поражал воображение москвичей знанием астрологии и астрономическими исследованиями.

Ж. Арну
Вид Сухаревой башни

В Сухаревой башне он устроил обсерваторию и наблюдал оттуда в подзорную трубу ночное небо. Оттого простые люди считали его чернокнижником. Рассказывали, что он сам и построил Сухареву башню, жил в ней и хранил там свои «черные книги», по которым колдовал в подземной мастерской. С вышки же башенной он гадал по звездам, а иногда улетал по воздуху на орле.

Правда ли, что Брюс летал на орле? Кто знает! Известно только, что после того, как он перестал появляться в Сухаревой башне, а Петр переехал в новую столицу, башня стала ветшать. Жизнь ее оказалась недолгой, с точки зрения средней продолжительности жизни башен. В 30-х годах XX столетия ее снесли, как и многие другие старинные московские здания.

Ванька Каин

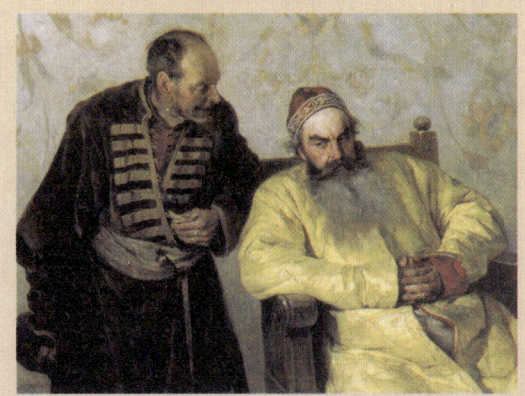

К. Лебедев
К боярину с наветом

Эта легендарная личность наводила ужас на московское население еще при царице Елизавете Петровне. Однако дурная слава пережила и самого Ваньку Каина, и нашествие Наполеона, и последующие события. Даже в начале XX столетия москвичи еще помнили, что жил некогда под Большим Каменным мостом «мошенник, вор, разбойник и бывший московский сыщик».

Ванька Каин не всегда жил под Большим Каменным мостом; там собирались его коллеги по воровскому ремеслу. Крепостной московского купца Филатьева был от природы умен, изобретателен и везуч. В доме у хозяина он пристрастился к мелким кражам, а развив хорошенько ловкость рук, бежал и начал самостоятельную грабительскую жизнь. Он обирал москвичей, купцов на Макарьевской ярмарке, побывал в разбойничьей банде, несколько раз счастливо избежал расправы.

Вдруг на взлете воровской карьеры Каина настигли мысли о тяжелой бандитской судьбе. Тогда он придумал, как извлечь выгоду из своего уголовного прошлого и остаться безнаказанным. Ванька Каин сделался сыщиком и переловил немало своих бывших собратьев, за что и получил библейское прозвище (имя Каина, убившего родного брата, стало синонимом предательства). Городское начальство прониклось к нему таким доверием, что отдало под его руководство военную команду. Однако зажить праведно Каину не удалось: сказывались старые привычки. Пользуясь своей властью, часть отнятого у воров добра он оставлял себе. В конце концов, двойная жизнь привела Ваньку Каина на каторгу и сделала героем книги о его же приключениях.

уже существовавшей Эллино-греческой), призванную обеспечить страну специалистами со знанием латинского языка. (Латынь считалась тогда международным языком просвещенных людей.) С тех пор все привыкли к тому, что учиться надо в Москве, и, когда впоследствии Елизавета I решила открыть первый в России университет, вопрос о месте решился сам собой.

И все же царь понимал, что Москву, как старый, обжитой дом, на новый лад уже не перекроить. Столицу по своему вкусу надо строить заново. В 1702 году, воюя со шведским королем Карлом XII, Петр со своим войском вышел берегом реки Невы к Балтийскому побережью. Это было как раз такое место, где Балтийские волны, омывавшие берега Северной Европы, ближе всего подходили и к русским землям. Там-то, на Неве, Петр

А. Васнецов
На рассвете у Воскресенского моста

Н. Сверчков. *Царь Алексей Михайлович с боярами на соколиной охоте близ Москвы*

Сокольники

На месте нынешнего парка Сокольники был когда-то настоящий густой лес, еще безымянный. В XVII веке царь Алексей Михайлович, отец Петра I, облюбовал его для соколиной охоты. Стрелять во время такой охоты не требовалось: ее вели при помощи специально обученных соколов. Сокольник (дрессировщик соколов) подавал царю на руку, на особое кольцо, сокола. Заметив в лесу мелкого зверя или птицу, государь подбрасывал сокола вверх. Тот взмывал в небо и оттуда падал на жертву, убивал ее клювом и приносил сокольнику, который передавал добычу охотнику. Алексей Михайлович так увлекался этим занятием, что лично написал правила для охотников.

Петр I, который предпочитал обучать солдат, а не соколов, охоту не любил. Но однажды матушка доняла его уговорами, и он поехал. Царь с боярами прибыли в лес верхом, рядом бежали псари, державшие на веревках охотничьих собак. Тут Петр отпустил псарей и велел боярам управлять собаками. Веревки перепутались, псы разбежались, напугали лошадей, те посбрасывали седоков на землю. Петр был доволен. «Аз царь есмь и подобает ми быти воину, — сказал он будто бы боярам, — а охота оная принадлежит псарям и холопам».

И. Левитан
Осенний день. Сокольники

начал строить столицу европейского типа — Петербург.

Правда, переехать окончательно ему удалось только в 1712 году, зато он увез с собой в новый город часть москвичей: строителей, купцов, ремесленников, студентов, чиновников и т. д. Причем, увлекшись строительством в Петербурге, Петр запретил возводить каменные дома в Москве, дабы не распылять силы.

Так Москва не стала «окном в Европу». Однако все последующие императоры по-прежнему венчались на царство в Успенском соборе Московского Кремля.

А. Васнецов
Медвежатники

«ОНА ГОТОВИЛА ПОЖАР НЕТЕРПЕЛИВОМУ ГЕРОЮ»

А. Соколов, А. Семенов
Русская армия и жители оставляют Москву

«На нем треугольная шляпа / И серый походный сюртук». Таковы, по Лермонтову, особые приметы Наполеона Бонапарта. Летом 1812 года обладатель этих примет объявился в пределах России и устремился к Москве. Знаменитый французский полководец делал очередной шаг к осуществлению своей мечты — господствовать над миром. Планируя военную кампанию, Наполеон придавал Москве особое значение, хотя город с петровских времен и оставался на вторых ролях. «Если я возьму Киев, я возьму Россию за ноги, — говорил он, — если я овладею Петербургом, я возьму ее за голову; заняв Москву, я поражу ее сердце». Этим, по его мнению, боевые действия должны были закончиться.

Русские войска отступали, но, по общему мнению, Москву надо было защищать, несмотря ни на что. И 26 августа Кутузов, незадолго до того назначенный командующим вместо Барклая-де-Толли, дал бой Наполеону у села Бородино. Примерно шестую часть армии составили москвичи, пожелавшие оборонять свой город. До него оставалось 124 км. Каждая армия считала себя победительницей.

В. Верещагин
Наполеон I на Бородинских высотах

А. Кившенко
Военный совет в Филях

Обе взяли трофеи: пушки, знамена, пленных. Но, когда наутро подсчитали потери, Кутузов дал приказ отходить к Москве, чтобы сохранить оставшиеся силы. Следом наступали французы. Их армия тоже заметно уменьшилась.

В Филях, которые были тогда не станцией метро, а подмосковной деревней на берегу речки Фильки, Кутузов собрал военный совет и, обсудив положение дел, решил оставить город без боя. 2 сентября Наполеон впервые увидел Москву с Поклонной горы. На этой горе полководец провел немало времени. Не потому, что его заворожил красивый вид (хотя вид был красив), а потому что дожидался делегации «бояр» с ключами от Кремля. Он ждал напрасно: город опустел. Многие москвичи уехали, едва узнав о приближении французов, другие покинули город вместе с армией. Из 275 тысяч человек осталось около десяти тысяч.

В тот же день начался пожар. Жители, уходя, подожгли свои дома. Возможно, это была идея генерал-губернатора Москвы графа Ростопчина. Во всяком случае, именно он распорядился вывезти все пожарные насосы. Французам пришлось таскать воду ведрами, но погода стояла сухая, а сильный ветер раздувал пламя. К 8 сентября огонь уничтожил две трети города.

Ничего подобного Наполеон не ожидал. Тактика поджога города, по его мнению, являлась неправильной. Поведение Ростопчина шокировало. Среди руин нельзя было зимовать и нечем было питаться. Запасаться

В. Верещагин
В покоренной Москве

В. Верещагин
Наполеон на Поклонной горе

провиантом в окрестностях Москвы французам не давали казаки. Дисциплина в армии пошатнулась. Солдаты занялись грабежами. Вдобавок император Александр I отказался от перемирия на условиях французской стороны. У него в Петербурге не пахло гарью, и его защищала особая армия.

Оставалось только покинуть Москву, что Наполеон и сделал в середине октября. Его армия, вполне в духе татаро-монгольского нашествия, ограбила все московские церкви и дома. Напоследок он приказал взорвать уцелевший от пожара Кремль. К счастью, в дело вмешалась природа: хлынул ливень. Пострадали выстроенное при Петре здание Арсенала, Никольская башня и стена с башнями, обращенные к Неглинке, а могло быть и хуже. Под Спасскую башню тоже подвели подкоп и заложили порох. Уже тлел пороховой фитиль, но в последнюю минуту подоспел отряд казаков и остановил огонь.

«Пожар способствовал ей много к украшенью»

Поскольку две трети московских зданий все равно пропали, город решили отстроить заново по всем правилам тогдашнего градостроительства. С этой целью была создана Комиссия для строений в Москве, где ведущую роль играл талантливый архитектор Бове.

Стены Белого города успели снести еще до войны с Наполеоном, теперь на их месте появились бульвары и площади. На месте Земляного вала решили создать кольцевую дорогу — Садовое кольцо. Оно получило такое название, потому что на дорогу выходили деревянные дома с палисадниками. Новые дома строили в одном архитектурном стиле. Фасады украшались гипсовыми орнаментами.

И таким образом в годы работы комиссии Москва превратилась в единое архитектурное целое — живописный зеленый город. Так что фраза Скалозуба, которая теперешним читателям кажется глупостью, у современников Грибоедова возражений не вызывала. Правда, в середине XIX века город снова начали застраивать безо всякого плана. С тех пор и царит на московских улицах «смешение французского с нижегородским»...

П. Верещагин
Москва. Вид на Кремль от Софийской набережной

Между прочим...

Н. Касаткин. *Трамвай пришел*

В начале 80-х годов на низком берегу Москвы-реки, напротив Кремля построили первую электростанцию. К 1914 году электрические фонари озаряли уже треть всех освещаемых улиц.

В начале XIX века на окраинах Москвы появились первые дачи, а к концу столетия выросли целые дачные поселки.

В XIX веке начали строить первые многоэтажные дома с лифтами.

Именно в этом столетии проложили две трети ведущих из столицы железных дорог.

В 70-х годах XIX века по московским улицам уже возил пассажиров предок теперешнего трамвая — конка: двухэтажный вагон, который тащила по рельсам пара лошадей.

«Кузнецкий мост и вечные французы»

Пожар 1812 года не тронул Кузнецкий мост: он охранялся наполеоновской гвардией. Французские гвардейцы должны были опекать его с особым чувством: они застали там своих соотечественников.

Еще в XVIII веке кузнецов выселили из кузнецкой слободы, и на том месте стали строить дома дворяне. Шесть из них, окруженные садами и прудами, принадлежали графу Воронцову, который сдавал их внаем.

Деревянный мост через Неглинку заменили каменным, и улица начала новую красивую жизнь. Вслед за знатными жильцами появились магазины, они предлагали то, без чего вельможам невозможно обойтись: парфюмерию, модную одежду, шляпы, предметы роскоши. Поскольку моды приходили в Рос-

Б. Кустодиев
Купчиха с покупками

сию из Парижа, кому было и торговать, как не французам? Их магазины так и назывались «французскими лавками». Кузнецкий мост превратился в модное место прогулок: там проезжали дорогие экипажи, собирались московские франты и нарядные дамы, слышалась французская речь.

После войны речку заключили в трубу, мост снесли, но французские лавки остались. Того, что не удалось Наполеону, его подданные добились мирным путем: еще на сто лет завладели целой московской улицей и кошельками зажиточных горожан.

Интеллектуалы тоже не обходили стороной Кузнецкий мост: они покупали там книги.

ПЕТЕРБУРГ + РЕВОЛЮЦИЯ =...МОСКВА?

И. Бродский
В.И. Ленин в Кремле

В ночь на 26 октября 1917 года в Петербурге солдаты вместе с матросами Балтийского флота захватили Зимний дворец и арестовали членов правительства. Было создано новое правительство — Совет Народных Комиссаров, председателем его стал Ленин. Это событие вошло потом в учебники как Великая Октябрьская социалистическая революция.

Несмотря на то, что оно произошло в Петербурге, тихая московская жизнь резко изменилась. Приход новой власти почувствовали все, включая бронзового Пушкина, стоявшего тогда у начала Тверского бульвара, — к нему прислонили красный флаг. О том, как проводили тогда время москвичи, художник Герасимов писал в своих воспоминаниях так: «Утром я отправился осматривать Москву. И странное дело: голодная Москва митинговала, пела революционные песни. Пока я дошел от Столешникова до Страстной площади, я побывал на двух митингах, на которых произносились зажигательные речи. Под свежим впечатлением я написал за короткий срок две акварели: «Митинг у памятника Пушкину» и «Митинг у Моссовета у памятника Скобелеву».

Но главное, в марте 1918 года в Москву, подальше от границы, переехало новое правительство. С этого времени Москва снова стала столицей.

Б. Кустодиев
Большевик

К. Юон
Штурм Кремля в 1917 году

Ванька, Резвый и Лихач

Летом 1925 года в Москве появились первые такси. Это были иномарки: французские «рено» и итальянские «фиаты». Но одновременно с «железными конями» по улицам города еще цокали копытами живые, так что москвичи могли запросто нанять извозчика.

Извозчики завелись в столице еще в XVI веке, и, по мере того, как рос город, их число увеличивалось: в XVII веке их было около двух тысяч, в XVIII — примерно пять, а в пушкинское время — до восьми. К концу же XIX века одними извозчиками можно было заселить целый город. Тогда они уже носили синего цвета форму и номерные знаки.

Зимой на «извозный промысел» приезжали крестьяне. Они пополняли самую дешевую категорию извозчиков, которые назывались «ваньками». Несколько больше платили «резвым». Самыми дорогими считались «лихачи». У них были хорошие лошади и удобные экипажи, и они поджидали седоков там, где предполагались люди с деньгами — у крупных ресторанов и театров. А у вокзалов дежурили «ломовики» — извозчики, перевозившие тяжелые грузы на повозках, в которые запрягали лошадей-тяжеловозов.

В начале XX века у московских извозчиков появился серьезный конкурент — трамвай. К 1935 же году построили и первую линию метрополитена — от «Сокольников» до «Парка культуры». Последние 57 извозчиков держались еще четыре года, после чего сдались. Им стала памятником песня «Старая пластинка», которую исполнял популярный певец Леонид Утесов: «...Чтоб запрячь тебя я утром отправляюсь / От «Сокольников» до «Парка» на метро!»

А. Орловский. *Дрожки*

«Коммуналки»

Б. Неменский
Собеседники

«Коммуналки» появились в первые годы Советской власти. Это был своеобразный способ обеспечивать горожан жильем. Тех, кто жил в больших квартирах или своих домах, «уплотняли», подселяя к ним совершенно чужих людей. Новые дома строились, но их не хватало растущему городу. Вот, например, в каких условиях оказалась семья художников, получившая в конце 30-х годов «площадь» в московской новостройке: «...жили в квартире четыре абсолютно чужие друг другу семьи. Больше всего нас... мучило радио. Соседи любили включать его на полную мощность, да еще распахивали двери. Причем в каждой из трех комнат радио было настроено на свою волну» (А. Андреева «Плавание к Небесному Кремлю»).

Долгое время отдельная квартира в Москве считалась роскошью. Правда, в 60-х годах окраины столицы начали активно застраивать новыми жилыми домами — одинаковыми пятиэтажками. Но качество этого жилья было таково, что москвичи прозвали их «хрущебами» — в честь тогдашнего главы государства Хрущева. Зато квартиры в них были отдельными. Тем не менее «коммуналки» оказались так живучи, что истребить их полностью не удалось и по сей день.

Тайная жизнь Москвы

«Маргарита побледнела и отшатнулась.
— С этого прямо и нужно было начинать, — заговорила она, — а не молоть черт знает что про отрезанную голову! Вы меня хотите арестовать?»

В 30-е годы, когда Булгаков писал «Мастера и Маргариту», этот вопрос был вовсе не странен. По всей стране, и в Москве тоже, сотрудники органов Госбезопасности ловили «врагов народа». «Врагом народа» мог оказаться абсолютно каждый, на кого донесли. В Москве жил страх. Если кто-то из домашних опаздывал, начиналась паника: арестовали на улице. Видеть ночью освещенное окно было жутко: значит, там кого-то забирают. Арестованных отвозили на улицу Дзержинского, в здание НКВД (сейчас ФСБ). Это был единственный дом в столице, где окна горели ночи напролет: там в кабинетах следователей шли допросы. Мало кто после них возвращался домой; следующим этапом был обычно лагерь, тюрьма, а то и расстрел. Москвичи называли дом «Лубянкой».

После 1917 года многие московские улицы были переименованы. Но как-то само собой дореволюционное название улицы Дзержинского — Большая Лубянка — «прилипло» к стоящему там зданию и приобрело дополнительный, мрачный смысл, кажется, навсегда.

Д. Жилинский
1937 год

Метро в детстве

В каждом вагоне метро есть табличка: «Мытищинский машиностроительный завод». Там же появились на свет и те, что возили москвичей на заре метрополитена. Правда, когда спроектировали самый первый поезд, оказалось, что он похож на старый трамвайный вагон. Члены приемной комиссии ужаснулись, и инженеров отправили перенимать опыт в США. И 15 мая 1935 года, в день открытия, на рельсы вышел состав, собранный по американским чертежам. Вагоны красили не в голубой цвет, как сейчас, а в желто-коричневый; их освещали светильники-бра, а сиденья были набиты конским волосом. Поезда ходили медленнее теперешних, «выдавая», самое большее, 50 км/час.

При входе на станцию пассажирам продавали картонные билеты, а вместо турникетов стояла цепь контролеров. В вагонах тоже проверяли билеты.

До того, как метро открыли для всеобщего пользования, члены правительства вместе с руководством метрополитена совершили испытательную поездку.

С. Адливанкин
В метро

История храма Христа Спасителя

В 1935 году был принят генеральный план реконструкции Москвы. Предполагалось расширить главные улицы, проложить новые магистрали, рассчитанные на автотранспорт, построить новые мосты и благоустроить набережную Москвы-реки. Дороги действительно стали шире, но одновременно город лишился более 400 памятников старины, большая часть которых — церкви и монастыри.

В числе жертв реконструкции оказался и храм Христа Спасителя.

После войны 1812 года император Александр I решил воздвигнуть храм в благодарность Богу за избавление от врагов. Был объявлен архитектурный конкурс, на котором победил проект Витберга: грандиозное и величественное сооружение на Воробьевых горах. Общая высота ансамбля от подножия лестницы на берегу реки до верхушки креста равнялась 77-этажному дому.

Осуществить замысел не удалось: почва не выдерживала такой громады. Между тем Александра I сменил на троне Николай II. Витберга обвинили в казнокрадстве, судили и отправили в ссылку, а идею храма-памятника поручили воплотить придворному архитектору Тону. В 1839 году храм Христа Спасителя заложили на новом месте, между Волхонкой и берегом Москвы-реки.

Здание оказалось таким огромным, а отделка такой дорогой, что работы растянулись на сорок с лишним лет. Зато оно могло вместить около 10 тысяч молящихся, а под куполом его свободно уместилась бы колокольня Ивана Великого. На 177 мраморных досках была выбита летопись Отечественной войны 1812 года с именами всех убитых, раненых и награжденных.

В 1930 году руководство Москвы решило соорудить на месте храма Дворец Советов, и через год его взорвали. Дворца Советов, впрочем, не получилось, а построили вместо него открытый бассейн «Москва».

Храм Тона не был архитектурным шедевром. Однако он стал символом гонений, которым подверглись в советское время досоветская культура и вера. И, когда в 90-х годах XX столетия храмы стали возвращать церкви, в Москве возникло движение за восстановление храма Христа Спасителя. К 1997 году его отстроили заново по старым чертежам.

Неизвестный художник
Общий вид Храма Христа Спасителя

XX. «НЕ МОСКВА ЛЬ ЗА НАМИ? УМРЕМТЕ Ж ПОД МОСКВОЙ!»

Н. Жуков, В. Климашин
Плакат «Отстоим Москву!»

Подобно Наполеону, Гитлер связывал решающий успех в войне с Советским Союзом с захватом Москвы. Точно так же он рассчитывал сделать это уже в первые недели своего наступления. Когда это не удалось, немецкое командование подготовило военную операцию под кодовым названием «Тайфун». По плану следовало тремя мощными ударами танковых группировок разделить оборону советских войск, охватить город с севера и юга, затем по всему фронту начать наступление пехоты и... занять столицу. Фашисты сосредоточили на Московском фронте больше трети своей пехоты и больше половины танковых и моторизованных дивизий.

Советские войска отступали. К концу сентября 1941 года они уже сдали Смоленск и Киев и отошли к Ленинграду. На улицах Москвы появились танки. Горожанам они запомнились так: «Они... мчались по Арбату... помятые, грязные, со следами огня. И танки были облеплены солдатами. Солдаты ехали снаружи, держась за что попало, в разорванных, часто обгоревших шинелях... Они смотрели только вперёд, ни разу не оглянувшись по сторонам, вообще не шевелясь.

Это было бегство, и так его понимали мы, стоящие на тротуарах».

Оставалось только строить оборонительные сооружения и пытаться выиграть время. Рыли окопы и противотанковые рвы сами москвичи; две трети строителей составляли женщины. В тех местах, где горожанам негде было

К. Юон
Парад на Красной площади 7 ноября 1941 года

А. Дейнека
Окраина Москвы. Ноябрь. 1941 год

укрыться от бомбёжки, выкапывали «щели» — канавы глубиной в человеческий рост. В них полагалось отсиживаться во время воздушной тревоги. Это — печальная страница в истории обороны столицы. В ополчение собрали людей большей частью неискушённых в военной науке и зачастую немолодых. Очень многие из них погибли под Москвой в первые месяцы войны.

Операция «Тайфун» началась 30 сентября. Через две недели немцы оказались уже в 100 км от столицы. На окраинах в домах непрерывно дребезжали оконные стёкла и слышался гул боя — не взрывы, не грохот, а непрерывный гул. Там, где когда-то стояли стены Белого города и возвышался Земляной вал — вдоль Бульварного и Садового кольца, вновь велось оборонительное строительство. Улицы и площади перегораживали баррикадами из мешков с песком, противотанковыми ежами, затягивали проволокой.

Утром 16 октября по радио объявили, что в 12 часов передадут важное сообщение. Все решили, что услышат о сдаче города. Но в полдень сообщение перенесли на 16 часов, а в 16 часов передали просто городские новости.

Первая военная зима

После неожиданного спасения жизнь в городе изменилась. Москва стала малолюдной: почти половину жителей эвакуировали. Поскольку топливо надо было экономить, оставшихся москвичей сселяли потеснее, в чужие квартиры. Пустые дома запирали, и в них отключали воду и отопление. Станции метро превратились в бомбоубежища.

В столице начался голод. Продукты выдавали по карточкам, но это был в основном хлеб: неработающие получали 250 г (всего вдвое больше, чем в блокадном Ленинграде), служащие — 400 г, рабочие — 550 г. Чтобы разнообразить меню, ездили за город, на брошенные подмосковные огороды, вырубать из земли морковку.

Но всё же осталось что-то и от обычной жизни. Улицы перестали освещать, но не перестали очищать от мусора. Студенты продолжали учиться и защищать дипломы. Можно было звонить по телефону. Ходили трамваи и троллейбусы.

По воспоминаниям людей, переживших эту зиму, тяжёлые времена не озлобили москвичей: общее несчастье сделало их более отзывчивыми друг к другу. Самая большая опасность подстерегала по ту сторону городской черты, и ходить по тёмным улицам им было не страшно.

Ю. Пименов
Военный хлеб. Москва. 1941 год

Конец войны

1943 год в Москве начался мирно: 1 января открыли станцию метро «Автозаводская». На мозаичном панно в ее вестибюле был изображен парад 7 ноября 1941 года. К весне город стал понемногу оживать. Возвращались из эвакуации жители, ополченцы, военные, отпущенные с фронта из-за ранений, театры.

В 44-м году москвичей, которые по возрасту подлежали мобилизации, уже не отправляли на фронт. Они проверяли документы военных, и особенно много их было на выходах из метро. Именно тогда, кстати, появилось несколько станций Арбатско-Покровской линии: «Бауманская», «Электрозаводская», «Семеновская» (которую поначалу назвали «Сталинской») и «Измайловский Парк».

Однажды по радио объявили, что по Садовому кольцу проведут колонну немецких военнопленных. Зрелище не обрадовало москвичей. Многие женщины плакали, говоря:

— Вот так и наших где-то ведут.

Заканчивались для Москвы военные времена, но она уже отправила на фронт 850 тысяч своих жителей, и не все из них вернулись домой.

В. Костецкий
Возвращение домой

Сдавать Москву было еще рано. К началу ноября в 80 км от столицы наступление удалось приостановить. Москвичам это казалось таким чудом, что они постарались по-своему объяснить спасение города. Так появились легенды военного времени. Одни рассказывали, что какие-то три женщины по благословению неизвестного священника обошли вокруг Кремля, держа в руках икону Божьей Матери и Евангелие. Другие уверяли, будто самолет с иконой Казанской Божьей Матери облетел вокруг Москвы.

Б. Неменский
Земля Опаленная

Впрочем, у командования не оставалось сомнений в том, что наступление возобновится. Из Москвы пришлось эвакуировать часть учреждений и предприятий. 20 октября ввели осадное положение: запрещалось ходить и ездить по улицам с 12 часов ночи до 5 часов утра. С воздуха город каждый день бомбили немецкие самолеты. Но, хотя дела обстояли не лучшим образом, 7 ноября, по случаю 24-й годовщины революции, решено было дать военный парад на Красной площади. Парад готовили заранее, но в условиях такой строгой секретности, что он стал полной неожиданностью для всех, в том числе и для немецкого командования.

В 1941 году зима пришла рано. Солдаты маршировали по заснеженной брусчатке сквозь пургу — вдоль кремлевской стены, мимо Мавзолея и стоящего на его трибуне Сталина, главы государства и Верховного Главнокомандующего. Многим из них с парада предстояло ехать на фронт. Сталин произнес речь, обращаясь к защитникам Москвы и всему народу:

«...Война, которую вы ведёте, есть война освободительная, война справедливая. Пусть вдохновляет вас в этой войне мужественный образ наших великих предков — Александра Невского, Дмитрия Донского, Кузьмы Минина, Дмитрия Пожарского, Александра Суворова, Михаила Кутузова!»

Через несколько дней немцы снова начали наступать и на этот раз вышли на ближайшие подступы к городу. На северо-западе они захватили Красную Поляну в 27 км от Москвы, на юго-западе — Апрелевку. Дальше их не пустили. Несмотря на очевидный численный перевес в живой силе, артиллерии и технике, они потеряли инициативу в боевых действиях: в начале декабря советские войска перешли в контрнаступление.

Разгром фашистских войск под Москвой стал главным событием первого года войны и первым крупным поражением Германии. Весь мир увидел, что победить можно не только Наполеона, но и Гитлера.

С. Антонов
Победители

«Высотки»

«Высотка» на площади Восстания

К концу 40-х годов идея насчёт того, что Москва стоит на семи холмах, до такой степени вдохновила архитекторов, что они решили создать их своими средствами, из камня, бетона и стали. Так всего за пять лет, с 1947 по 1952, в столице появились семь высотных зданий — в 26 этажей, а некоторые — и в 36.

Холмы московские давно уже частично срыты, застроены, залиты асфальтом, не всегда и догадаешься, что они есть. А «высотки» — вот они, заметны издалека: 1 — Университет на Воробьёвых горах; 2 — здание МИД на Смоленской площади; 3 — «высотка» у «Красных ворот»; 4 — гостиница «Ленинградская» на Каланчевской улице; 5 — гостиница «Украина» на Кутузовском проспекте; 6 — жилой дом на площади Восстания; 7 — жилой дом на Котельнической набережной. Этот дом среди семи «высоток» — что Боровицкий холм среди семи холмов: он тоже стоит при впадении в Москву-реку притока — реки Яузы, и его центральная часть, подобно Кремлю, образует в плане треугольник.

И кажется порой, что настоящие холмы Москве не так уж и нужны, зато без «высоток» она не была бы самой собой.

XX. ДОЖИЛИ!

Это только в фильме «Иван Васильевич меняет профессию» Иван Грозный выходит на балкон, окидывает взглядом столицу и говорит: «Лепота!» В пьесе Булгакова, по которой сняли фильм, написано по-другому: «На улице послышался шум автомобиля. Иоанн осторожно выглядывает в окно, отскакивает. Пьет водку.

И о а н н (тихо напевает). Сделал я великие прегрешения... пособи мне, Господи... пособите, чудотворцы московские...»

Вот она, правда жизни. Иван Грозный, Петр I и уж тем более Юрий Долгорукий, оказавшись в нынешней Москве, попросту не поняли бы, куда попали. Давно уже нет тех чащоб, где могли разминуться княжеские дружины. Теперь уже ни один биолог не догадается, что город находится в зоне хвойно-лиственных лесов. Наши парки и скверы — вовсе не потомки того бора, в честь которого назвали Боровицкий холм. И все же в чем-то Москва осталась лесом: вместо деревьев верхнего яруса у нас 20-этажные дома и «высотки», нижний ярус — дома в 10—12 этажей, а подлесок — «пятиэтажки» и особнячки XIX века.

Да и некоторых речек недосчитались бы великие князья. Забытые ныне Вавилон, Сара, Таракановка, Чура и оставшиеся только в названиях улиц Даниловка, Сивка, Пресня, Филька заключены в трубы или засыпаны. Там, где раньше протекала Неглинная, лежит уличный асфальт, а от бывшего ручья Черторыя отворачивается памятник Николаю Васильевичу Гоголю. Тихие речные воды заменили в Москве потоки машин. В часы пик по городским улицам двигается одновременно 180 тысяч автомобилей, а всего их в столице больше 2 миллионов.

А такое количество народа Ивану Грозному доводилось видеть разве что

Ю. Пименов
Свадьба на завтрашней улице

Н. Гриценко
Вид на Москву с колокольни Ивана Великого

во время Казанского похода. Нынешних москвичей уже не огородить китайгородской стеной, не обнести Земляным валом. Городскую границу очерчивает Московская кольцевая автодорога — МКАД. Остров Мальта уместился бы внутри этого кольца 22 раза. А если бы мы всей столицей переселились на территорию Нидерландов, то заняли бы приблизительно пятую ее часть.

Еще вопрос, долго ли продержался бы Иван Васильевич, сделав глубокий вдох на улице. Даже Петр I без сопротивления сдался бы в плен микробам: это не шведы под Полтавой. В одном кубометре столичного воздуха содержится 36000 бактерий. Во времена же великих правителей их было там не больше 500: хвоя московского бора убивала бактерии своими фитонцидами за десять минут, а лиственные деревья нынешних парков справляются с этим вдвое дольше.

Что почувствовали бы государи, спустившись в метро, не стоит даже обсуждать. Еще сто лет тому назад никто не думал о том, что Москва обзаведется подземным двойником: вторым Са-

Ю. Пименов
Новая Москва

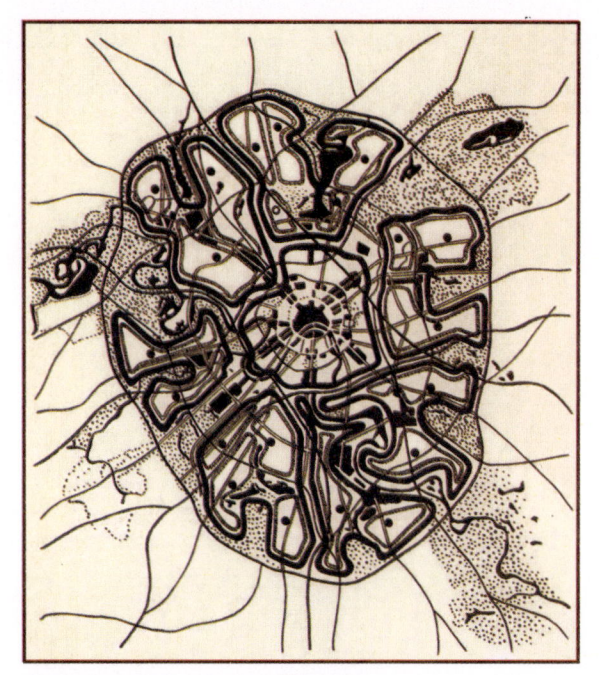

Современный план Москвы

довым кольцом, «улицами» — линиями метро и «переулками» — переходами, подземными магазинами.

Зато адрес Москвы на картах остался прежним: Восточно-европейская равнина, 55 градусов 45 минут северной широты и 37 градусов 35 минут восточной долготы от Гринвичского меридиана.

И еще. Москва на плане напоминает фотографию клетки под электронным микроскопом. Она не была такой ни при Юрии Долгоруком, ни при Иване Грозном, ни под карандашом архитектора Бове. «Клетка» росла постепенно, от века к веку начиная с «ядра» — Кремля. Все больше удаляясь от природы по стилю жизни, город приблизился к ней очертаниями. Может, потому москвичи еще ухитряются уживаться и с микробами, и с машинами? Как бы то ни было, Москва — пульсирующий, живой организм. Единица измерения жизни. Как клетка. Возможно, в этом и заключается секрет ее нестираемости с географической карты.

УДК 087.5: 281.93(091)
ББК 86.372
И52

СОДЕРЖАНИЕ

Давным-давно..2
Руки длинной от Москвы до Киева.................................4
Кошелек или жизнь..8
Москва-Дон..12
Третий Рим...16
Во всю ивановскую..22
Москва + Европа =...Петербург....................................28
«Она готовила пожар нетерпеливому герою»...............34
Петербург + революция =...Москва.............................38
«Не Москва ль за нами? Умремте ж под Москвой!».....42
Дожили!..46

ИСТОРИЯ МОСКВЫ

Для среднего школьного возраста

Увлекательная история о становлении столицы России
с древнейших времен до наших дней

Издательство «Белый город»
Директор: К. Чеченев
Коммерческий директор: Ю. Сергей
Председатель редакционного совета: А. Астахов
Руководитель проекта: Н. Астахова
Художник М. Саморезов
Редактор: Л. Жукова
Корректура: А. Новгородова, Н. Старостина
Компьютерная верстка: С. Карпачева
Сканирование: Л. Морозова

ISBN 5-7793-0306-1
Лицензия ИД №04067 от 23 февраля 2001 г.

Издательство «Белый город»,
111399, Москва, ул. Металлургов, 56,
тел. 176-91-09, 176-91-04, 176-94-63

По вопросам приобретения книг
по издательским ценам
обращайтесь по адресу:
111399, Москва, ул. Металлургов, 56

Оптовые поставки — фирма **«Паламед»**,
111399, Москва, ул. Металлургов, 56,
тел. 176-68-95, 176-91-09, 176-80-97, 176-91-04,
176-94-63, 288-75-36, факс 176-68-09
E-mail: palamed@aha.ru

Розничная продажа:
Торговый Дом Книги «Москва»,
Москва, ул. Тверская, 8

Отпечатано в полном соответствии
с качеством предоставленных диапозитивов
в ОАО «Ярославский полиграфкомбинат»
150049, Ярославль, ул. Свободы, 97.

Дата подписания в печать 20.07.2001
Гарнитура SchoolBook; печать офсет.,
бумага офсетная, печ. л. 3,0,
формат 84×108, 1/16
Доп. тираж 10 000 экз. Заказ № 0104094.

© «Белый город», 2001